고여 있는 시간을 흔들다

지성 · 감성의 메타언어

조선문학시인선 · 248

고여 있는 시간을 흔들다

우 순 애 시집

조선문학사

▌시인의 말

이런 꿈은 아름답지 않은가.

바다에서 올라오는 조각구름 한 장을 보고도 큰 비의 소리를 들었던 어느 선지자의 예지처럼 내 시의 영토에도 그런 비상의 눈과 귀, 가슴이 열리기를 꿈꾸었다. 학창시절 처음 국어 교과서에서 시를 배웠던 때의 알 수없는 설레임과 감동처럼 교과서에서 만나 볼 내 시이기를 꿈꾸었다.

그러나 하나님의 종, 목사의 아내로 살아오면서 이 꿈은 야무지게 남겨두고 욕심 부리지 않기로 하였다.

많이 늦었지만 세상에 태어나는 이 시집이 얼마나 기쁜지 모르겠다.

졸시이지만 시집을 내면서 내 안에 넘치는 감사가 있다.

내 가슴에 시의 불씨를 주신 주님의 은혜와 현대시가 요구하는 형상화 작업을 가르쳐 주신 스승과 이 시법으로 함께하는 시봉문학회 동인들의 만남, 언제나 격려하고 지원해 준 가족의 사랑이다.

등단한지 10년이 지나 가면서 그동안 동인지 『시봉』을 통해 써왔던 시편들을 차례대로 묶는다.

누구에게나 모양은 다르지만 살아온 만큼의 시간이 고여 있다. 그리고 각자의 삶의 유효기간이 끝나는 날까지 수많은 시간들이 고여 갈 것이다.

고여 있는 시간들을 흔들면 마음에 강하게 다가오는 달관의 세계가 있다.

나는 가끔씩 시의 알갱이를 낚기 위해 고여 있는 시간들을 흔들었다.

내가 어떻게 살아야 하는지 알게 하신 하나님께 영광을 돌리며 이 시집을 읽는 모든 가슴에게 사랑을 보낸다.

2008년 가을에

우 순 애

우 순 애 시집

고여 있는 시간을 흔들다

차례

아침 바다

하늘이 구름 한 줄로
울타리 친 간이역에

밤사이
별 떼 속을 누빈 바람이
보쌈질 해다 펼쳐놓은
진열장

여명의 탯줄을 끊고 나온
아침이
한 무더기 보석을 쏟아놓는다

비밀

질펀히 누워
비명 속에 달려드는
기억이 있다

꽃빛 목소리에
분별을 탈수시킨 채
향기로운 빛을 낚아
영원으로 갔던 이름
날마다 언약에 산
푸른 시간이다

행복을 도배한 바람이
꼬리를 내밀 때까지
오로지 한 하늘로
방목되어 살쪄 갔는데

어느 날, 빛도 없이 세운

불꽃놀이 서슬에
벌목 당한 가슴

사정없이 마침표를 찍고
세월로 만든 담도 부수고
신열로 타는 분화구에
유배시켜 버렸던 것

다시는
바라보고 싶지 않은데
때때로 도둑처럼
예약 없이 다가와
후리쳐 도리깨질하는
내 안에
깊이 잠든 병이다

불의 혀

땅에 내뱉는 혀가
날선 칼이 되어
가슴에 들어 박혔다

숨 쉴 틈 없이
회오리치는
돌개바람이 기둥으로 일어서고
수채화로 채색한 울타리가
마침내 무너졌다

가슴에 새겨 간직한
아름다운 이름들이
맷돌에 갈려
피를 토해낸다

등 떠밀려
도마 위에 올려진 사랑이

마디마디 토막 난다

돌아갈 자리 없는
놀란 가슴
활화산으로 터진 불의 혀를
가위로 잘라낸다

추억

강가에 서면
오래전 두고 온 꿈을 부르듯
바람의 향기로
휘파람을 분다

가만히 다가서면
풀리는 문빗장으로 넘쳐나는
생각의 파도
한나절 햇볕에도
비처럼 젖는 내 영혼
목숨 던지는 사랑이고 싶었다

가슴과 가슴으로 굴러
전율하는 그리움

항시 시작은 있었지만
기다림으로 마침표를 긋고

세월은 몸부림치며
모두 어디론가 떠나 버렸다

아직 못다한 마음인가
어른이 되었어도
내 속에 자라지 못한 아이
타오르지 못하는 불이 되어
늘 보채는 미움의 불꽃

언제나 강가에 서면
가슴에 돌을 얹고
절뚝이는 시간
내 어린 날에 접어둔 아픔이다

향수

어쩌다
물안개 피워 문 바람이
굽이굽이 빗질하는
강가에 서면

어쩌다
콩새 떼 숨바꼭질에
푸른 손 두들기며 흔들어 합창하는
미루나무 숲 길 가면

어쩌다
해질 녘
봉숭아 물들이는
하늘을 보면

산다는 것에
허기져

휴가 보낸 생각이

먼지 낀 세월
비늘 치듯 길 열고
옛 동네를 찾는다

살별로 꽂히는
가슴엔
처음사랑
쪽빛 연을 날리고

그리움이 부르는 자리

흐린 날
몸 가볍게 떠난 여행
발길 닿는 데로 가다가
길가 찻집에
잠시 머물렀다

창밖엔
새 떼에 안겨 몰려다니는
안개비가
우수처럼 마음에 젖어들고

쌉싸름한 커피는
기억의 향기로
온 몸을 건드린다

부질없는 욕심에
발목 잡힌 일상이

잠시 허리띠를 푸는데

시간을 묶어버린
젊음의 끈이
세월 저쪽에서 걸어와
큰 강으로 흐른다

낯선 얼굴 되어
서성여 보는
바람 나들이여

어디쯤에서 시작했는지
멈출 줄 모르는 눈물이
눈부신 꽃처럼 다가와
내 눈꺼풀에 매달린다

봄날

빗방울 진 자리로
풀썩풀썩
은빛 뿌리가 걷는 소리

연두빛 널 하늘
내다보는지
발뒤꿈치 든 땅이
키를 세운다

저 혼자 깊숙이 내려가는
어둠 밟고
햇빛 빠는 한나절

빈 들판이
무너지고 있다

잠든 풀꽃들의 가슴이
그리움의 푸른 줄
풀어내는 시간

사랑 읽기·1

그 가슴은
금빛 물을 담은
오아시스

비틀대며 지나는
사막길
달아나는
낯선 시간에도

말없이 손 내밀어
붙들어 주네
내 눈물
다 받아 주네

어섬*

파도를 잃어버린
물고기 모양의
섬 하나

단 한번만이라도
철썩이며
안겨보는 것이 꿈일까

어디론가 흩어져 가버린
파도소리
바람에 굴러와
섬 옆구리 툭툭 치고 있다

바닷물이 돌아앉은
낡은 포구 저 멀리
무시로 스쳐가는 사람들의 발길이
자꾸만 막막해지는 오후

수초 흔들거리던
푸른 바다
그 때가 그리운지

개펄 속에 숨긴
비릿한 추억
한 뭉치 캐내고 있다

* 어섬 : 화성시 송산면 마산리에 위치. 시화호가 준공되면서 어장으로서의 기능을 상실한 섬. 물고기 모양이라서 어도라고 불린다.

신앙

푸른 눈으로
가슴에 와 박힌 그대

섬광처럼 차고 들어와
남김없이 투영하는
그대의 눈은

투구와 검을 쥐고
견고한 줄로 엮어
부종으로 살 오른
영혼을 깨뜨린다

어둠을 복제한
빈집에
새 이름을 건축한다

그대가 쏘는 빛은

우주 밖의 세계

죽지 않는 씨로 열어
만유 속에
살 까닭을 심는다

낙엽

푸름의 등을 켜고
내내 팔랑개비로 흔든
요람마다
창문이 부서진다

마지막 초록빛을
삼켜버린 바람이
빛의 그림자 되어
달려들면

붉은 눈 뜨고
가을을 읽어내던 잎은
끝내 바람에 밟혀
공중타기로
오갈 드는 곡예사

어김없이 침노하는

계절의 할례엔
반역할 길이 없다

다만 잠들기 위한 연습을 시작한다
다음 삶을 분만할
향유를 지니기 위해

봄

실바람이 왈츠를 추며
머리로
허리로 감겨온다

북풍에 저당 잡힌
계절이
일탈하는 소리

눈물로 추위 벗는
들녘은
자투리 햇볕에도
정수리를 들이대고

가슴을 열면
얼룩진 보따리
늙은 시간 속으로 숨는다

세상은

초록의 노래 듣기 위해

발끝에 날개를 달았다

홍수

저기압으로
외눈박이 눈알을 굴리던 하늘이
안개의 꼬리를 붙잡고
뛰어 내렸다

영겁에서 걸어 나와
덜미 잡힌 물소리

바람은 그물을 짜
삼킨 물을 한 곳에
마구 토해내고

푸른 빛깔로
만삭된 세상은
때 아닌 침입자로
비상에 걸렸다

아무도 항거할 수 없는
잔해의 방아쇠에
들끓던 일상이
결박당하고

위험 수위에 목 졸리다
혼수상태로 침몰된 생명들이
중환자실에 인양된다

급살맞은 땅
이름뿐인 주소만
흔적으로 남았다

그 생각은

— 의혹

긴 터널 한 가운데서
잡혀버린 생각은
덫에 걸린 짐승처럼
퍼덕인다

무릎 꿇고
머리 조아리며
소유의 줄 당겨
발로 문질러 보지만

오한으로 땀 적시는
영혼은
비틀대며 내내 몸살을 낸다

새 살이 차올라도
결코 지워지지 않는
흉터의 아픔

후후 불어
비눗방울에 날려 보지만
무엇으로도 조율되지 않아

마음만 천상으로
손 내민다

생명

비상구로 내려가는
자물통 한 개 풀어 놓고
완행열차 타고 오는
시간 속에서
해산을 기다린다

눈부신 빛살 뒤편에
금 그으며
물구나무서서 가는
불모의 목숨을
근질대는 욕망과
흔들거리는 울음의 전염병을
수갑 채울
산고

살과 뼈 없는 유리가슴
이승에는 없을 그 때에
바람의 혀로 동행할
푸른 약속이다

가을의 저녁 하늘엔

귀가하던 벌떼가
시퍼런 하늘에 소스라쳐
집중공격한 자리

새빨간 열꽃이
황해 바다로 널린다

여기 저기
흘리고 다닌 건망증이
생각의 새로 빠지는
침묵의 창

빠개지는 아픔
품은 가슴만
풍선처럼 부어오른다

풍경

햇빛 타버리기 전
강촌에 가면
물길 피해 물러섰던 고요가
어느새
온 몸을 푼다

금실로 뜬 하늘이
걸어 나간 마을은
복면하고 달려 온 어둠을 벗겨내듯
창문마다
별빛으로 등을 걸고

빛살 수놓는 무늬에
접속하는 물결마다
실핏줄 터지는 노란 그림자로
꿈틀대고 줄기 오르면

파랑으로 퍼붓는
알 수 없는 사랑 하나

기억의 마당 뒤적이며
잠들고 싶은 충동에
잎새의 등짝을 치던
바람도 호흡을 멈춘다

소나기

하늘의 이마는 계절도 없이
물로 풀이 자라는 곳
풀냄새 품고 일어나는
물의 뿌리는
늘 귀 열고 흔들거린다

바람의 뒷꼭지로
하나님이 호루라기 불면
창날로 들이박혀
탄주하는
정체 모를 전주곡

살갗 터지는 소리로 꽂혀
밤의 그림자가 끌고 가는 나라
쉼표도 찍을 수 없이
깊은 바닥까지 내려간다

짙푸른 눈물의 가시로
덜미 잡히는 마음

사랑 읽기 · 2

알몸의 하늘로
푸른 건반 두들기며
풀꽃 향기 휘감고 온다

볼 수 없는 얼굴로
가슴에만 차오르는 불꽃
바람의 숨통을 끊는다

한 묶음 엮은 페이지 속에
계시로 봉인되어
눈뜨기를 기다리는
너는

늙지 않는
심장의 감방에서
무한대 시간으로 날아가
발목을 홀치는
금색 밧줄이 된다

서산 앞바다

— 어느 죽음 앞에서

땀내 산발한 여름
쫓아내던 바다는

세상 꿈을 따던
고달픈 바람의 손과
얼굴과 얼굴을 마주 댄
가슴에서 퍼 올린 눈물로
지도에는 없는
섬 하나 만들었다

누구의 지시였을까
소문도 없이
이정표를 바꾼
세상 끝에나 있음직한
아직 낯선 일

다시는 돌아올 수 없는

익사체의
통곡소리 가둔
그 곳

첫 눈 내리는 밤

종일 마른기침 뱉으며
떨고 섰던 늙은 바람도
숨죽이는 한 밤

어디서 날아 든 걸까
온 하늘 품는 개똥벌레
짝지을 계절도 아닌데
발광기에 불을 켰다

누구에게 보내는 신호인지
마구 쏟아내는
은빛 웃음

천지는
어둠 털어 내는 소리로
눈부신 꿈을 꾼다

닮은꼴로 서서
눈짓하는 내 창가

추억 한 척
끌려 나오고
나는 잠을 태운다

그대 눈 속에서 빛난다

— 치유

내 서랍 속은
숨죽여 우는
다친 짐승의 울음소리로
기억 중독증에 시달렸다

낡은 바람 돌아올 때면
진홍빛 알몸의 슬픔이
집게에 들려나와
줄줄이 퍼덕였다

밤이 켜진 심장
내내 빛도 없는 별을
아프게 박아 놓았는데

오직 내게로만
신호 보낼 귀 열어놓고
온몸에 불을 켜고

찾아온 그대

병명도 모른 채
어딘가 잠적해버린 아침
건져 올린다
처음 물이 덮은 강물로
어루만지고 또 어루만진다

여리고 여린 영혼
아주 작은 뿌리에도
푸른 빛 환히 밝히는
내 눈이 된다

근심은 뼈를 말린다

열려진 시간 안에
구경꾼이 모이면
그 놈은 세상 목소리 날려
전쟁놀이 시작한다

여기 저기 정탐하며
복병 숨겨
건드리는 사물마다
어지럼증의 덫을 놓는다

손에 잡히는 건
비틀고 터뜨려서
어둠에 내다 거는 버릇이 있다

뼈 속에
비밀 장소 정하고
욕망을 포식하는 그 놈은

빛의 자루 푸는
하나님 손끝에서야
추락하는 날개를 펼친다

꿈

바람의 허리로 감고 온
꽃빛 저녁이
잠들기 위해 어둠을 켤 때

홀로 빠져나간 영혼

처음 하늘과 땅에서
푸르게 물오른 이름들이
잊어버린 언어로
누워있는
아직 한 번도 발목을
넣어보지 못한 곳에서

날지 못한 것들의 소리가
몸 비비며 숨어있는
우편함을 연다

두근거리며 꺼내보는
누군가가 보낸
개봉 못한 편지

짝사랑

구멍 뚫린 그릇처럼
날마다 갈증만 퍼 넣고 있는
걸식증에 걸린 환자
허기 차오르는 뱃속에
진단서가 발급되었다

유해산소* 급증
수명 단축
투여할 치료약은
만남의 약국에서 파는
고백이란 비타민 C

아직 흘러가야 할 시간
무진장 남아 있는데
막막하기만 한 마음
불치병 앓고 있다

* 인체에 치명적인 유해산소는 과식할 때 많이 발생되고, 비타민 C는 이를 중화시킨다.

첫사랑

한여름 밤

불꽃놀이 축제

그 중에

불발탄

신록

계절을 물들이려고
바람이
탯줄을 잘랐다

몸속에 넣은
수천의 색깔이 풀려나던 때
비우고 채우는 생이
빛살처럼 환해졌다

여린 발목 내밀고
서둘러 문 여는 풀숲은
속살까지 마구 흔들리고

잎이 나중 피는 나무마다
어느 새 숨소리 끊은 꽃잎이
비되어 출렁인다

그 위로 살금살금
초록빛 들이키는 소리
숲이 일어선다

비

쪽빛이 탐났는지
뭉게구름은
촘촘히 올무를 친다

잎사귀 피울 햇빛의 손
푸르게 물들이다
갇혀버린 하늘

헤쳐 나오려 몸부림치다
아픔에 주저앉는다

맑고 차게
흘러내리는 눈물

기억

강물에 찍고 가는
물고기 떼의
무수한 발자국처럼
내 가슴 주름살에
휘젓고 돌던 나날들이
새파랗게 찍어놓은
흔적 없는
흔적

정선 아라리

가도 가도 만나는 건
아득한 산
굽이치는 골마다
푸른 등 켜는 그림자를
제 몸 속에 넣어야
갈 수 있던 길

누군가의 눈물도
딱지 져 내리던 길

묻어둘수록 애타는 가슴
아리고 환한 설움만
끓어올라
"아리랑 아리랑
아라리요~
아리랑 고개로 나를 넘겨주소"

시름 한 사발 들이키고
목청으로 넘기던
매운 아라리 한가락

막막한 시간 속에
갈 곳 없어 묶여 있다가
언제부터인지
통일호 열차 따라
풀려나가고 있다

어떤 생각

내 시간 속 창고에
녹슨 잠수함
때때로 밑바닥 품고
엎드려 있을 뿐
한 번도 실종된 적이 없다

어디로 가고 싶은 건지
절반은 타오르는 빛살이
절반은 무거운 심줄이
몸 섞어
무시로 유영한다

강가에서

강물은
빛으로 미끼삼는
투망꾼

빠른 우표 한 장
물살에 붙이고
닿는 것은 다 낚아 올린다

허공 중에 가지런히 털고 가는
새떼의 웃음을
바람에 업혀 가던 비늘구름을
햇볕 속에 숨긴
한 무더기 잎새의 수군거림을

어느 틈에, 물풀 사이로 떠돌던
오래 묵은 이름
어느 날 길 떠나버린
그 얼굴도

사랑 읽기 · 3

양수리 두물머리*에서
두 강이
몸을 던지네

허무는 몸짓이
무슨 악기를 타는지
꽃빛 소리를 낸다

아~아
원래 하나였던
우리

* 두물머리 : 남한강 북한강이 합쳐지는 곳으로 양수리에 있다.

일출

마침표를 찍고
잠이 든
세상의 자물쇠를 여는 건
누구일까

아무도 건드리지 않은
아침바다에
막 붉은 발자국을 올려놓는
금빛 보자기

수평선 위로 길을 트고
주홍빛 보석을
쏟아 놓는다

간밤
내가 쉬는 사이에
온 몸 땀에 젖도록
이 일을 한 건
누구인가

단풍

어머니 주름치마에
깃털처럼 날고 있는
알록달록 꽃무늬

몸집 환한 가을 산이
거기 있네

햇볕도 눈이 부셔
눈을 감는다

그리움 · 1

바람 곁에
서성이던 풀냄새

창을 열자
살풋 들어와
잘근잘근
가슴에 씹힌다

어디엔가 숨어있던
그대 웃음이
주르르 주르르
초록빛 풀향기 핥고 있다

나는 얼마일까

젊은 욕망이
딱 손뼉 치며 뚫어보는
미켈란젤로의 조각품은
값으로 사기엔
너무 큰 돈

자주 돌부리에 걸려 넘어지고
먼지 쌓이는 나는
몇 눈금 올리는
저울질일까

시간이 자꾸 꼬리 내리고
스쳐 지나가도
늘 낡은 마음 깨우며
하늘 위한 하늘이
껴안는 소리

오로지 하나뿐인
하나님의 걸작품이야
내 이름표에 펄럭이는 값은
"천하보다 귀하다"

바다는

하얀 꽃 흔들며
자꾸만
달려드는 까닭을
모를 줄 아느냐고
물꽃의 씨방
파도에게
바닷가 은모래가
조잘거렸다

'물에 젖은 몸이
슬픈 거야 바다는
햇빛에 말려보려고
그래서 내게 드러눕고 싶은 것이야'

공감

낯선 얼굴 쓰다듬는
그대 눈동자 속에서
나는 보았지
하얗게 흘러내리는
내 눈물을

억새밭

무슨 음모가 있다
안개더미로 뭉친
푸른 날의 포자가
흔들리는 것을 보니

은빛별 너울의
자꾸만 눈이 부신 몸짓
적막을 떼어내는 소리
아득하고

햇살 넘어지면
노을 끝에 매달린 하늘도
우~우~떠는
지금 산굼부리 언덕은

바람의 꽃이 만드는
은빛 성터
뒷덜미 잡힌 가을이
넋 놓고 서 있다

일출

서쪽 하늘이 놓고 간
빛의 밑바닥에서
맨 먼저 올리는
하루의 제사

새벽은
밤새 뒤척이며
잠들지 못했다

단잠 든 해를
깨우기 위해

그리움 · 2

은빛 모래밭에
내려놓는
밀물과 썰물의 숨소리가

가슴에 걸려
덫이 되는
저녁 바다

푸른 물 붉게 타는
수평선 너머
무장해제 된 시간 한 척

오래 묵은 슬픔 하나
절뚝이며 승선한다

일몰

시간이
속살을 내보이며
산등성이 구름밭으로
건너뛰면

젖은 하루 말릴
붉은 바람
몰려 온다

은빛 별 출렁이는
속가슴 열고
접어놓았던 어둠 펴는
서쪽 하늘이여

슬몃, 자리 잡고 눕는
빈 마음 한켠

기도

태초에 있었네
나를 위해
목숨 건 사랑

그 사랑 입고서
긴 방랑의 닻
십자가에 내린
나는 생명의 상속자

옛 이름
하얀 창호지 발라
오늘도 지운다

'주여
나의 것 버리고
무릎 꿇기 원합니다'
까맣게, 가슴에 쌓는 모래성

저녁 하늘

하얀 비늘구름
아직 더 놀고 싶어서
잠자러 가는
노을 빛 붙잡으려고
이리 뛰고 저리 뛴다

통통한 두 뺨이
새빨개지도록

저녁

수풀 사이로
걸어오던 늦은새*
붉은 빛 움켜쥐고
바삐 뛰어가는

소란스럽던 시간이
여물지 못한
정적 하나 꺼내어
몸 가벼이 내려앉는

오늘 하루 빈자리

머릿속에 떠도는
여러 겹의 마음이
숨겨둔 노래 입에 물고
슬그머니 주저앉는다

그 곁에 가만히
별빛 옆구리 끼고
환하게 벗어지는
어둠 한 자락

* 늦은새 : 남동풍.

가을비 속으로

가을엔 빗소리도 아프다

무성히 자라나는
양철지붕 위
못 박는 소리
어둠은 신음도 못하고 앓는다

시들어 가는 모든 것의
마지막 흔적 소리
바람은 자꾸만 날아들어
슬픈 짐승이 되고

출렁이는 빗물
눈 속에 들어와
푸른 눈물로 돋아난다

이 밤 비울 것이 많은가 보다

뒤섞어 보고 비벼 보고
뒹굴어 젖어보는
내 마음속에
오래된 나

들꽃 편지

식물도감에 박혀 있던
꿈꾸는 이름들이
하얀 팻말 속에 빛나고 있는
햇빛 좋은 날
들꽃 수목원엔
서로 몸 비비며 흔들어대는
해맑은 얼굴들이 있다
살다가 보면
눈물 같던 시간
땅속에 묻어버리고 싶을 때
때로 굵은 안개비 무작정 달려들어
온 몸 무거울 때
푸른 기운 흘려주는 숲 언저리
양지바른 언덕에서
발뒤꿈치 들어 키 늘이는
은방울꽃, 금낭초, 깽깽이풀,
구절초, 쑥부쟁이, 개망초꽃들이
창백한 누군가의
환한 웃음이 된다

천둥과 번개

떠도는 신기루가 아니다
옛날, 소돔과 고모라 성이
한줌 재로 뿌리뽑힌 것처럼
무너져야 할 도시가 있나보다

이따금씩 어둠 이끌고 와서
온 몸 뒤트는 허공 속으로
쏘아 올리는 경고장

불 속에 달구어질
허무의 집
건널목 지킬
철조망 박는 소리

마지막 그 날에
울며 길 떠날 자 헤아리실 하나님
사진 찍으신다

* 소돔과 고모라 : 죄악으로 인해 불로 심판 받은 성경 속의 지명.

11월 들녘

가을걷이 끝나고
들불도 지나 간 자리
남은 풀숲이
살과 뼈를 말리는
한가한 시간
한 마리 새도 없다

묽은빛 아득히 날리는데
몸만 뒤척이는 들판이
심심해 보였을까
시린 눈으로 내려다보던 하늘
곁에 선 바람 갈기
몇 줄 잡아 당긴다

비상등 켜고
황급히 달음질치는 적막 앞으로
주황색 구름발이 내려앉고

낮고 빠르게 발을 떼는 재즈 소리
먹먹한 가슴 허문다

지금 들녘은
엎질러지는 음표들이
늦가을을 닫는
뮤지컬 한편 공연 중

시를 쓰다

오늘
세상이야기 깔고 앉은
나무 숲 사이 지날 때
함께 출렁거려 보는
바람과 햇빛 속에서
시(詩) 종자 한 됫박 샀다

낯선 시간 움켜잡는
내 몸 마디마디
신경과 세포
근육과 혈관

깃털보다 가벼운
마음
다 털려 버렸다

물구나무서기

불빛이
어디론가 흘러가는
땅의 밤

하늘에서 내려다보니
은하수로 출렁이고 있다

저 수많은 별들
언제 훔쳤지?

그 곳에 가고 싶다

구름 속에 가려진
하늘 뜰
빛을 치는 손가락이
항시 문 열어 주는 곳

누구나 볼 수 있는
유리집 한 채
지어 놓았지

세상에서 가진 모든 것
언젠가 돌려주어야 할
그 때
비밀의 문 지나서
다시 이름 불러주는

내 영혼의 블랙홀

중년

거울 속에 있는
얼굴이
낯설어 보이면서
등 돌리고 싶은 건
사진 찍기

눈보다
더 밝게 비추는
사진이어서

조청처럼 졸아든 나이
근시인 내 눈에
들어있다

폭설

어둠이 단단하게
집을 지을 때
겨울 하늘은
통증으로 아우성이다

묻어 두었던
무수한 암호들로
산란하는 별꽃떨기들

길이 끊기고
하늘과 땅
숲과 집은
모든 경계를 허물었다

순백의 불길로
천지를 붙드는 시간

무엇을 풀고 있는 걸까
알 수 없는 말로
밤새워 외치고 있다

상사화 지다

그대 만나면
보여줄 사랑
푸른 뼈 속에 숨겨두고
무성히 키만 자랐구나

올해도 뒤란 반그늘에서
하늘 끝으로 여울지다
붉은 눈물로 지는
꽃잎, 꽃잎들

막막한 땅이
서럽게 운다
바람 앉았다 떠난 자리에서

용서

(우리가 우리에게 죄 지은 자를
사하여 준 것 같이
우리의 죄를 사하여 주옵시고)

거친 바람만 들락거리는
가슴 언저리에
한 평 믿음이 있었나 보다

경매처분에 맡겨진
가난한 사랑
거리로 내쫓는
집달리 큰 손목에서
슬픔 한 채 건네받고도
그는 울지 않았다

말 못하는 짐승되어
소리없이 바라만 볼뿐

파도소리

햇빛 수북히 쌓이는
바닷가 백사장에
젖은 몸 말리는
유리꽃 물방울들이 켜는 소리

바람에 안겨
굴러가고 굴러오면서
빈 허공에
드문드문 풀어놓을 때

무거운 몸 벗어버린 시간
아청빛 뜰채에 건져 올리는
먼 그리움의 소리

사랑 읽기 · 4

구름 몇 점
툭, 툭
초록 바람이 통과하면

내 가슴은
말갛게 비워버린 하늘의
무지개 스펙트럼

털리는 물비늘이
일곱 빛깔 아찔함으로
우주를 쏘는
어떤 시작의 찰나

마법에 걸렸다

부자의 밥

눈사람을 만들 줄 아는가

잠자는 사이
문빗장 풀려나간 하늘 밑에
바람이 꽂아대는
은빛 깃발로

또 자고 나면
눈감아도 눈부신
은빛 여울로 넘쳐나는 땅에

수레바퀴 굴리듯
굴리고 굴릴
한줌 눈덩이

어떤 적막 옆에서도
단단한 껍질로 다져지는
눈사람의 종자여

가을

무슨 말을 그리도 하고 싶은 걸까
빛깔 말리는 풀숲에
밤이면 은하수로 쏟아지는
풀벌레 소리들
마음 뒤채는
은빛 소리에
한 무더기 풀어내는 그리움

하루의 차이

만남 없이
지나가는 일방통행
바삐 달리는 길에
엎혀가는 하루가
시간에 달아 놓는 이름

가는 곳마다
그림자로 덮어주는
어제

세상소리
불러 세우고 웃는
오늘

허공의 꿈
움켜쥐고
미리와 서 있는

내일
그리고 그리움에 깨어나는 옛날

고여 있네, 엄청난 세월이

아침 편지에 부치다*

분홍빛이다가
푸른빛이다가
은빛 금빛이다가
눈부신 노래 짜서
퍼뜨리는
빛의 바이러스

비우고 채우는 마음에
한 박자 쉬어 가는
도돌이쉼표

너는 정년도
마침표도 없는
삶의 여울목

아침마다

내게로 오는 동안
날 것의 설레임이 자라난다

* 고도원의 아침편지.

도시의 사람들

저마다 꿈 차에 시동 건
사람들의 열기로
도시는 붉게 타는 온난화지대
그늘 벗는 빌딩숲은
계절도 없이 열대야로 숨막힌다
무엇을 품고 가는지
뼈아픈 하루
실시간에 부려놓고
막히고 끊기는 여유 없다
시간의 그물에 걸려 자꾸만 넘어지고
한 겹씩 얇아지는 마음이지만
눈뜨지 못한 햇살 아래서도
가지 않은 길*
버릴 수 없어
그들은 25시를 산다

* 프로스트의 시.

노을

수평선에
태양을 걸어 둘 수 있는 건
붉게 타오를 줄 아는
저녁 하늘이 있기 때문이지
출렁이는 바닷물
빛 부신 루비로
알알이 꿸 수 있기 때문이지

낙조

막 잠에서 깬 어둠이
산등성이에 걸터앉아
바람에 흩날리는
붉은색 깃발들을 바라보고 있다
저녁 해는
여러 겹 긴 꼬리를 갖고 있나보다

나이아가라 폭포 아래서

강물을 모아
한 곳으로 흘러 보낸 곳
긴 다리로 금 그어 놓고
두 나라가 지르는 비명
세상의 모든 소리가 묻힌다
누가 찍어 놓았는지
말발굽 모양의 낭떠러지 바닥에
무더기로 쌓이는 물
한쪽에다 구름들을 밀어놓고
푸른 시간들을 펼쳐놓는 하늘아래서
비탈진 이름들이 허물 벗는 큰소리
물보라 뒤흔드는 바람 따라
목청 튼 햇빛만이 받아넘기고 있다
무수한 유리조각들을 털어내는 소리 따라
버리지 못한 것 묻으며
누군가 황홀히
하얀 유리문 흔들고 있다

무심코 한 일이

네잎클로버는 행운
세잎클로버는 행복
아름다운 꽃말이 비수인줄 몰랐다

네잎클로버에 눈먼 사람들은 보지 못하네
발밑에 짓밟힌 무수한 세잎클로버를

무심코 한
본능과 욕망 때문에
누군가를 짓밟은 적 없는가

겨자씨

어느 한사람 눈여겨보지 않아도
부활의 새벽에 온 그윽한 고요처럼
영원한 하늘이 숨쉬는 너의 이름
땅위 모든 씨보다 작지만
흙속에 머물러 기다림은
영글어 무성할 꿈이 있음이다
바람 날개 펄럭이는 언덕에서
혼자 크는 고독과 슬픔
해 아래 사는 날까지
아픔의 자리 하늘에 걸고
자라고 커져 공중의 새들 깃들일
모든 나물보다 큰 가지 내어라

▌시집 평설

현대시법에서 출발시킨 형상화 돋보여

박 진 환

(시인 · 文學博士)

현대시법에서 출발시킨 형상화 돋보여

박 진 환
(시인 · 文學博士)

1. 전제

자신의 시법을 신뢰하고 자긍하며, 자신의 시에 실천하고자 한 곳에서 시를 출발시킨 시인은 행복하다. 그것은 대부분의 시인들이 시에 대한 확신은 고사하고 시류에나 편승하며 타성적으로 시를 쓰고 있기 때문이고, 그 때문에 자신의 시에 대해서 마저도 의구심을 떨쳐버리지 못하는 시인들이 많기 때문이다.

자신이 쓴 시에 의구심을 갖는다는 것은 스스로의 시에 대한 확신을 갖고 있지 못한 때문이며, 확신을 갖지 못함은 스스로의 시법 부재를 의미한다. 그리고 시법의 부재가 수반하는 의구심에서 일탈하지 못한 불행한 시인들을 얼마든지 주변에서 볼 수 있다.

현대시의 시법은 실로 다양하다. 낯설게 쓰기, 전경화, 패쉬타시를 비롯한 형상화 작업이 보여준 여러 양태의 시적 존재 양식은 이를 잘 말해주고 있는데 이는 天性에서 기술로 이동된 시법에 의해 현대시가 창조되었음을 의미한다. 이점에서 현대시의 시법은 각기 그 표현은 달라도 변용이나 재구성을 통한 형상화 작업이라는데 귀결되고, 이는 달리 현대시의 시법이 의도적 제작의 산물이라는 것을 말해주는 것이 된다.

의도적 제작이란 달리 현대적 기획으로도 불리운다. 천성으로서의 자연성에서 시를 출발시키는 것이 아니라 이를 기술적으로 변용해 의도적으로 형상의 옷을 입히는 작업을 의미한다. 그리고 형상의 옷이란 그것이 정서였건, 내면적이고도 정신적인 것이었건, 이를 사물의 모습으로 바꿔 드러내는 것을 의미하는데 이 때 정서와 내면적인 것에 해당되는 등가물을 발견, 이를 재구성함으로써 형상으로 빚어지게 되는데 이 때 동원된 기술이 천성에 대응되는 것이고, 이를 의도적으로 변용한다는 점에서 현대적 기획이라고 한다.

현대시가 요구하는 이러한 시법들을 총칭해 기술이라고 하고, 이 기술에 의해 제작된 시가 형상으로 이루어졌다는 점에서 변용의 미학, 또는 형상미학이라고 명명하기도 한다.

우순애 시인은 바로 이러한 시법에서 자신의 시를 출발시키고 있다고 보여진다. 그것은 데뷔에서 지금까지 10여 년 간에 걸쳐 쓴 69편의 시를 제작의 순서대로 진열해 통시적으로 진열한 이번 시집 『고여 있는 시간을 흔들다』가 보여주는 형상미학이 이를 잘 말해주고 있기 때문이다.

이 시집이 보여주는 미학으로서의 형상화나 변용 등은 데뷔 무렵의 시편에서 10여년이 지난 오늘의 시에서도 잘 드러나고 있는데 이는 우순애 시인의 시적 출발이 자신의 시법을 신뢰하는 곳에서 시를 출발시켰음을 의미한다. 그리고 변함없는 시법의 일관성은 자신의 시에 대한 신뢰를 의미하고 이는 달리 당당하게 자신의 시적 궤적을 좇고 있음을 의미하기도 한다.

시를 제시, 구체화했을 때 현대시의 시법에의 충실이 어떻게 형상미학이나 변용을 통해 재구성이 되고 있는가와 함께 시미학의 본태를 극명히 해 줄 것으로 본다.

2. 형상화의 여러 양태

전제에서도 언급했듯이 형상화란 정서나 관념에 옷을 입혀 형상으로 빚어내는 것만을 의미하지 않는다. 그것은 시법의 ABC에 속하기 때문이다. 현대시에 있어서의 시법으로서의 형상화는 1차적으로는 정서나 관념 따위를 그에 상응하는 등가물을 발견, 사물의 모습으로 변용해내는 것을 의미한다.

그러나 이 때 동원된 시법으로서의 변용이나 낯설게 쓰기 그리고 전경화와 같은 시법들에 의해 시인이 기도했던 것을 어떻게 미학적 차원으로 재구성해냈느냐 하는 시법 내지는 기법을 통해 시에 접근해 보는 것이 2차적인 것이 된다. 그리고 2차적이란 그것이 변용이 됐건, 낯설게 쓰기가 됐건, 전경화가 됐건, 의도적 제작술에 의해 형상화를 이루어내는 시법에 의해 정서였건, 사유였건, 신앙이나 사랑이었건 나아가 주어진 현상이었건, 그것들이 변용과 낯설게 쓰기, 그리고 전경화를 거쳐 형상미학으로 재구성되고 있는가에 모아진다.

먼저 정서가 어떻게 변용을 통해 형상으로 재구성됐는가를 시법으로 접근해보자.

가) 산다는 것에
허기져
휴가 보낸 생각이

먼지 낀 세월
비늘 치듯 길 열고
옛 동네를 찾는다

살별로 꽂히는
가슴엔
처음사랑
쪽빛 연을 날리고

나) 바람 곁에
서성이던 풀냄새

창을 열자
살풋 들어와
잘근잘근
가슴에 씹힌다

어디엔가 숨어있던
그대 웃음이
주르르 주르르
초록빛 풀향기 핥고 있다

다) 항시 시작은 있었지만
기다림으로 마침표를 긋고
세월은 몸부림치며
모두 어디론가 떠나 버렸다

아직 못다한 마음인가
어른이 되었어도
내 속에 자라지 못한 아이
타오르지 못하는 불이 되어
늘 보채는 미움의 불꽃

예시 가)는 「항수」의 일부이고, 나는 「그리움·1」의 일부 그리고 다)는 「추억」의 일부이다. 예외없이 예시들은 정서를 표출한 시들이다. '항수'나 '그리움'이나 '추억'들이 예외

없는 보편적인 정서의 산물이기 때문이다.

이 항용의 정서를 우순애 시인은 몹시 비틀어짜거나 왜곡시켜 다양하게 변용해내고 있다. 예시 가)에서 볼 수 있는 향수와는 거리가 먼 '휴가 보낸 생각'으로, 나)에서는 그리움이 '가슴에 씹힌다'거나 '풀향기 핥고 있다'로, 다)에서는 추억을 '내속에 자라지 못한 아이'나 '늘 보채는 미움의 불꽃'으로 이동해 동떨어진 것을 합일시켜내는 遠引的 비유는 현대시법의 변용이나 낯설게 쓰기, 그리고 전경화에 해당된다고 할 수 있다. 정서를 직정으로 노출하지 않고, 정서에 상응하는 등가물로 대체, 제구성함으로써 형상으로 변용해내고 있기 때문이다. 그리고 이만하면 어디에 진열해도 손색이 없는 형상화 작업이 될 것으로 본다. 다음은 '사랑의 변주'를 통해 현대시법에의 충실이 어떻게 시법으로 구체화하는가를 읽어보기로 한다.

가) 알몸의 하늘로
푸른 건반 두들기며
풀꽃 향기 휘감고 온다

볼 수 없는 얼굴로
가슴에만 차오르는 불꽃
바람의 숨통을 끊는다

한 묶음 엮은 페이지 속에
계시로 봉인되어
눈뜨기를 기다리는
너는

늙지 않는
심장의 감방에서
무한대 시간으로 날아가
발목을 홀치는
금색 밧줄이 된다

나) 한여름 밤

불꽃놀이 축제

그 중에

불발탄

다) 구멍 뚫린 그릇처럼
날마다 갈증만 퍼 넣고 있는
걸식증에 걸린 환자
허기 차오르는 뱃속에
진단서가 발급되었다

유해산소* 급증
수명 단축
투여할 치료약은

만남의 약국에서 파는
고백이란 비타민 C

아직 흘러가야 할 시간
무진장 남아 있는데
막막하기만 한 마음
불치병 앓고 있다

예시 가)는「사랑읽기·2」, 나)는「첫사랑」, 다)는「짝사랑」의 각각 전문이다. 인간은 누구나 사랑을 나누며 산다. 그런가하면 더러는 아파하고, 더러는 슬퍼하고, 또 더러는 기뻐하고, 행복해 하며, 가슴 뜨거워하기도 한다.

예시 가)에서의 시행처럼 '가슴에만 차오르는 불꽃', '금색 밧줄'이 되기도 하고 나)에서의 '불발탄' 다)에서의 '결식증에 걸린 환자'나 '고백이란 비타민 C', '불치의 병'이 되기도 한다.

이렇게 사랑은 여러 가지로 읽히고, 또 체험되기도 한다. 그러나 이 읽히고 체험된 사랑들은 항용의 사랑에서는 읽히지도 체험되지 않는 변용의 양태들을 보여주고 있다. 이는 사랑의 의미나 정서를 항용의 것에서 특수한 것으로 이동하는 것이 되는데 예외없이 사랑의 본질이나 정서와는 거리가 먼 동떨어진 遠引的 비유만이 이끌어 낼 수 있는 것들을 동원, 시적 질서를 이끌어내고 있기 때문이다. 달리 지적하면 우순애 시인이 철저하게 낯설게 쓰기나 전경화 시법을 빌어 본디의 것을 변용내지 개조해냈다는 뜻이 되는데 이 점 또한 시법에서의 출발을 보여주는 것이 된다.

그런가하면 정서와는 달리 사유나 꿈이나 비밀과 같은 내면적인 것을 변용으로 재구성, 형상으로 드러내는 시도 얼마든지 발견된다.

가) 내 시간 속 창고에
녹슨 잠수함
때때로 밑바닥 품고
엎드려 있을 뿐
한 번도 실종된 적이 없다

어디로 가고 싶은 건지
절반은 타오르는 빛살이
절반은 무거운 심줄이
몸 섞어
무시로 유영한다

나) 바람의 허리로 감고 온
꽃빛 저녁이
잠들기 위해 어둠을 켤 때

홀로 빠져나간 영혼

처음 하늘과 땅에서

푸르게 물오른 이름들이
잊어버린 언어로
누워있는
아직 한 번도 발목을
넣어보지 못한 곳에서

날지 못한 것들의 소리가
몸 비비며 숨어있는
우편함을 연다

다) 행복을 도배한 바람이
꼬리를 내밀 때까지
오로지 한 하늘로
방목되어 살쪄 갔는데

어느 날, 빛도 없이 세운
불꽃놀이 서슬에
벌목 당한 가슴

예시 가)는 「어떤 생각」 의 전문이고, 나)는 「꿈」 의 일부, 다)는 「비밀」 의 전문이다.

'생각', '꿈', '비밀'은 예외없이 내면적인 것들이다. 그 때문에 무형의 것이다. 이를 형상으로 재구성해내는 것이 형상화 작업이다.

예시 가)에서 어떤 '생각'을 '시간의 창고', '녹슨 잠수함', '무시로 유영'하는 것으로 변용해 낸 것이나, 나)에서의 '꿈'

은 홀로 빠져나간 영혼, '잊어버린 언어', '우편함'으로 이동한 것이나, 다)에서 '비밀'을 '방목되어 살이 찐'다든지, '벌목당한 가슴' 따위의 동떨어진 것을 끌어들여 폭력적으로 결합시켜내는 변용의 수법 또한 현대시법에의 충실로 보아줄 수 있다.

이상과 같이 정서적이거나 사랑과 같은 내면적이고도 정신적인 것의 형상화와는 달리 기존, 기성의 것을 변용을 통해 재구성해 낸 형상화도 보여주고 있다.

가) 하얀 비늘구름
아직 더 놀고 싶어서
잠자러 가는
노을 빛 붙잡으려고
이리 뛰고 저리 뛴다

통통한 두 뺨이
새빨개지도록

나) 햇빛 타버리기 전
강촌에 가면
물길 피해 물러섰던 고요가
어느새
온 몸을 푼다

금실로 뜬 하늘이

걸어 나간 마을은
복면하고 달려 온 어둠을 벗겨내듯
창문마다
별빛으로 등을 걸고

다) 하늘이 구름 한 줄로
울타리 친 간이역에

밤사이
별 떼 속을 누빈 바람이
보쌈질 해다 펼쳐놓은
진열장

여명의 탯줄을 끊고 나온
아침이
한 무더기 보석을 쏟아놓는다

예사 가)는 「저녁하늘」의 전문, 나는 「풍경」의 일부, 다)는 「아침바다」의 전문이다. 예외없이 주어진 현장공간들이다. 이러한 공간성을 구체적 형상으로 재구성, 입체화해내고 있는데 가)에서의 '저녁 하늘'을 동화적 발상을 빌어 '노을'을 '잠자러' 간다든지, '노을 빛 붙잡으려고/이리 뛰고 저리 뛴다'든지, 뛰다가 '통통한 두 뺨이/새빨개'졌다는 등의 변용도 구상화작업이다.

나)에서는 '풍경'을 '고요가 온 몸을 푼다'든지, '금실로 뜬 하늘', '복면하고 달려 온 어둠', '창문마다/별빛으로 등을 걸고' 등으로 재구성해 내는 것도 같은 맥락의 것이다. 그런가 하면, 다)에서는 '아침바다'를 '구름 한 줄로/울타리 친 간이역', '보쌈질 해다 펼쳐놓은/진열장', '여명의 탯줄을 끊고 나온/아침'과 같은 의외적이고 당돌하며 이질적이고 동떨어진 이미지를 발견, 재조립시키는 것 등도 솜씨있는 형상화 작업이다.

끝으로 독실한 크리스천으로서의 신앙심과 발원과 기도와 같은 종교적인 경우도 예외없이 정신적인 것을 형상으로 재구성해주고 있는데 시를 제시했을 때 이해를 도울 것으로 본다.

가) 투구와 검을 쥐고
견고한 줄로 엮어
부종으로 살 오른
영혼을 깨뜨린다

어둠을 복제한
빈집에
새 이름을 건축한다

나) 거친 바람만 들락거리는
가슴 언저리에
한 평 믿음이 있었나 보다

경매처분에 맡겨진
가난한 사랑
거리로 내쫓는
집달리 큰 손목에서
슬픔 한 채 건네받고도
그는 울지 않았다

말 못하는 짐승되어
소리없이 바라만 볼뿐

다) 구름 속에 가려진
하늘 뜰
빛을 치는 손가락이
항시 문 열어 주는 곳

누구나 볼 수 있는
유리집 한 채
지어 놓았지

세상에서 가진 모든 것
언젠가 돌려주어야 할
그 때
비밀의 문 지나서
다시 이름 불러주는

내 영혼의 블랙홀

예시 가)는 「신앙」의 일부, 나)는 「용서」의 일부, 다)는

「그곳에 가고 싶다」의 일부이다. 시인이 신앙인일 경우 흔히 노출하기 쉬운 것이 찬양이나 기도와 같은 발원의 노출이다. 그 때문에 종교적 발심이나 지향만 있고 시는 그 뒤로 숨어버리는 경우가 허다하다. 그러나 우순애 시인은 경우가 좀 다르다.

예시 가)에서는 '신앙'을 '투구와 검', '견고한 줄', '어둠을 복제한/빈집'등으로, 신앙을 드러내기에 알맞은 등가물을 발견, 형상으로 재구성해주고 있다. 나)의 '용서'도 '경매처분에 맡겨진/가난한 사랑' '말못하는 짐승'등의 형상으로 변용해내고 있고, 다)에서는 '그곳'을 '하늘 뜰', '유리집 한 채', '내 영혼의 블랙홀' 등으로 구체화한 것은 다 예외없이 형상미학을 보여준 것이 된다.

3. 결어

이쯤에서 결론은 제시될 듯 싶다. 우순애 시인이 출발부터 내세운 형상화 작업으로서의 시법이 획득한 미학은 그것이 정신적인 것이든, 외양을 지닌 것이든, 신앙의 것이든 이를 형상으로 빚어내고서야 만족하고자 한다는 점에서 우순애 시인의 시는 현대적 기획을 철저히 자신의 시에 실천하고 있다고 결론할 수 있고 동시에 이 시법으로 거둔 성과가 이번 시집의 시적 성과라고 할 수 있을 것 같다.

•

우순애 시인은 1954년 경남 김해에서 태어났다. 숙명여대 문창과, 덕성여대 시창작반을 수료했고 1998년 『조선문학』 신인상에 시가 당선되어 문단에 데뷔했다. 현재 겨자씨 선교회 간사, 법무부 소년보호위원으로 일하고 있다.

•

조선문학시인선 • 248

고여 있는 시간을 흔들다

2008년 10월 20일 인쇄
2008년 10월 25일 발행
지은이 / 우순애
발행인 / 박진환
펴낸곳 / 조선문학사
등록번호 / 1-2733
주소 • 110-092 서울 서대문구 홍제2동 96-4
대표전화 / 730-2255
팩스 / 723-9373

ISBN 89-91811-97-3 03810

정가 7,000원